Albert Schweitzer

HOFFEN
IST KRAFT

Verlag Paul Haupt Bern Wien Stuttgart

Zusammengestellt für den Schweizer Hilfsverein für das
Albert-Schweitzer-Spital in Lambarene in Zusammenarbeit
mit der Kommission für das Geistige Werk
Albert Schweitzers von R. Brüllmann

Titelbild: Willy Enggist

ISBN 3-258-04672-7

Hoffnung ist Kraft. Es ist soviel
Energie in der Welt, als Hoffnung drin ist,
und wenn nur ein paar Menschen miteinander
hoffen, dann wirkt um sie eine Kraft,
die nichts niederhalten kann, sondern die sich
ausdehnt auf die andern.

Siehe, das ist das wahre Glück,
in allem, was uns gelingt, nicht unsere Macht und
Kraft, sondern Gottes Segen zu finden.

Das Leben ist der höchste Wert.

Die grosse Aufgabe
in unserer Zeit ist, dass wir aus der Inhumanität,
in der wir gefangen sind, zur wahren
Humanität gelangen, und damit aus ungeistigen
wieder wahrhaft geistige Menschen werden.

So dunkel das Leben ist,
eines ist sicher: Alles, was dir begegnet, hat eine
geistige Bedeutung.

Warum gibt es so viel verdrossene Arbeit in der Welt? Weil die Menschen nicht bedenken, nicht erkennen, dass Gott ihnen die Arbeit gesetzt hat, um Gutes zu tun.

Jeder Mensch wirkt durch die Art, wie er in seinem Berufe steht, geistig auf andere.

Jeder soll den Weg gehen, der der seine ist.

Beten heisst: Sein tägliches Leben in Gott betrachten und seinen Willen suchen.

Gesammelt schaffen – Dann wird Bleibendes geleistet.

Wer wirklich das Leben versteht, der kann Gott danken für alles: für das Schöne und für das Traurige. Denn wer von uns ist nicht durch das Traurige innerlich reich geworden?

Unser Denken ist eine Woge,
die nicht zur Ruhe kommt,
bis sie am Gestade des Unendlichen anschlägt.

So ist es in der Menschenwelt:
Wir vermögen den Erfolg nicht immer zu sehen,
aber es genügt uns, zu wissen, dass des Herrn
Kraft unter den Völkern wirkt.

Wieviele Menschen können sich
keine Stunde freuen, auch wenn es ihnen noch so
gut geht! Und wieviele andere dagegen in den
einfachsten Verhältnissen, ja in solchen, wo sie
von Tag zu Tag sorgen müssen, sind glücklich,
weil sie zufrieden sind.

Alles, was wir hienieden erleben,
das ist im Himmel beschlossen; nicht der Zufall,
nicht eine irdische Notwendigkeit, nicht dein
Ringen und Sorgen, nicht die Menschen um uns
machen dein Leben aus, sondern was Gott
mit dir vorhat.

Freundschaften sind
ein Reichtum im Leben.

Zum Frieden gehört Friedfertigkeit.

Fromm sein heisst,
vom Geiste Jesu, der sich in seinen Reden und
Taten kund tut, ergriffen sein und ihm treu bleiben.

Darf ein Christ wirklich fröhlich
sein, allzeit fröhlich sein? Ich möchte antworten:
Er darf nicht, er soll fröhlich sein.

Der christliche Glaube ist ein Buch,
welches uns das Leben lesen lehrt.

Die wahre Geburtsstunde
des Menschen ist nicht der Augenblick, wo er
den ersten Schrei ausstösst, sondern wo ihm
das Bewusstsein und die Erkenntnis aufgehen,
dass dieses Dasein mit dem ewigen geistigen
Sein verknüpft ist.

Ein Mensch kann nur dann segensvoll sein Dasein durchleben, wenn er sich in dem geschäftigen Alltagsgetriebe Stunden abringt, wo er bei sich selbst Einkehr hält, wo er einen Augenblick verschnauft und sich fragt: Wohin geht denn der Weg, warum wandere ich ihn?

Der neue Geist kommt nicht mit Brausen, sondern in stillem Wehen, nicht in grossen Massnahmen und Worten, sondern in unmerklicher Veränderung der Atmosphäre, an der jeder von uns beteiligt ist und die jeder als stille Wohltat empfindet.

Beten: das Weben des höchsten Wesens in uns fühlen, uns selber an das Göttliche in uns hingeben und Frieden finden.

Glücklich sein von innen heraus heisst: meinen eigentlichen Weg gefunden zu haben.

Eine Flamme des Wesens Gottes
zu sein, das ist unser aller Bestimmung.

Was ist Gott? Etwas Unendliches,
in dem wir ruhen! Aber es ist keine Persönlichkeit,
sondern es wird Persönlichkeit erst in uns.

Glück und Unglück sind nicht
einfach Auswirkungen dessen,
was uns widerfährt, sondern auch dessen,
was wir mit uns selbst erleben.

Meiner Meinung nach sind grosse
Menschen die grossen Dulder, die unbekannten
grossen Menschen, die in sich überwunden haben
Angst und Schmerz und Grauen und Auflehnung
gegen das Schicksal.

Ich bin Leben.
Ich bin nicht irgendein Stückchen Welt.
Ich bin ein Organismus, beseelte Materie,
eine Welt für sich.

Niemand soll gegen sein
inneres Wesen handeln.

Jesus braucht alle,
damit die Sonne der Liebe Gottes in dieser Welt
scheine.

Jedes Menschenleben
ist wie ein Stern: Mit dem blossen Auge betrachtet
ist es ein leuchtender Punkt unter vielen andern
leuchtenden Punkten; wir wissen aber,
dass es in Wirklichkeit eine grosse Welt ist.
So ist auch jedes einzelne Menschenleben eine
Welt in der Unendlichkeit des göttlichen Weltalls.

Gütigkeit kennt keine Grenzen.
Sie ist grenzenlos.

Nimm dir nicht als Ideal vor,
etwas Grosses aus deinem Leben zu machen.
Nimm dir als Ideal, aus ihm etwas Gutes
und Wahres zu machen.

Was die Welt erwartet,
sind wirkungsträchtige Ideen.

Der harmonische Mensch ist der,
dessen Innerlichkeit so gross ist als sein Wirken.

Es tut gut, zu helfen,
auf Vorposten für das Himmelreich zu stehen.

Lebendig ist Jesus für die, die er,
als ginge er unter uns, leitet in grossen
und in kleinen Dingen, um ihnen zu sagen:
Tu das so und das so; und die einfach Ja sagen
und still dahingehen und tun.

Sind alle, denen es gut geht,
glücklich, und alle, denen es schlecht geht,
unglücklich? Nein, da ist ein kleines Ding,
das Herz, und das kehrt oft alles um und macht,
dass Weinende glücklich sind und diejenigen,
die glücklich sein sollten, sich nicht freuen
können.

Was dein das Höhere suchender
Geist aus dem Jahre macht, das ist es für dich.

Jung bleiben heisst nicht,
die Seele eines Knaben behalten, sondern
die eines Kindes Gottes, die eines Menschen,
der sucht, ein Kind Gottes zu sein,
das vom Geist Gottes belebt ist.

Auf Kritik mit
Leistungen antworten!

Menschlichkeit
ist der Grundbestandteil der wahren Kultur.

Die wahre christliche Liebe
ist der Gedanke, dass unser Leben im Dienste
Jesu steht.

Ständig von dem grossen
Geheimnis der Welt und unseres Daseins erfüllt
zu sein, heisst völlig am Leben sein.

Gott allein weiss, was jeder Mensch
ertragen kann, besser als der Mensch selber,
denn er allein kennt den Glauben des Menschen.

Wir sind getrost: Mögen Licht
und Finsternis in der Welt und in unserm Herzen
miteinander kämpfen: Das Licht wird siegen.
Gott hat uns berufen von der Finsternis zu seinem
wunderbaren Licht.

Nur das ist Liebe, wahre Liebe,
was sich in der Prosa des Alltags erprobt
und bewährt.

Das ist doch immer noch
die Hauptsache, was aus einem Menschen
innerlich wird.

Ich wünsche euch ein Herz,
das keinen Neid kennt. Ist doch der Neid ein Gift,
welches so viele Leben vergiftet und so viel
Unglück anrichtet.

Es ist ein herrlich Ding
um das Mutmachen.

Glück und Unglück sind in jedem
menschlichen Leben nebeneinander
und gehören zusammen wie Licht und Schatten.

Im Denken
erwachen wir erst völlig zum Leben.

Des Lebens Rätsel schwinden
für den, der in dem, was geschieht, und in dem,
was er tut, Gottes Willen sieht.

Immer wenn Menschen
einander geistig nahe kommen, macht einer
den andern reich.

Meine Überzeugung ist es,
dass das Denken zu allen tiefen Wahrheiten
der Religion gelangt, und dass die Menschen
religiös werden, wenn sie denkend werden.

Das wahre Leben
entspringt aus dem einfachen Handeln.

Ist es nicht unsere grösste
Schwäche, dass wir tatenlos sind?

Möge es sein,
dass wir als Gesegnete anderen zum Segen
werden dürfen.

Manchmal tut es gut,
auch das Selbstverständliche zu sagen.

Wir müssen das Menschliche
in denen, mit denen wir zu tun haben, erwecken.
Dadurch wird vieles umgestaltet.

Selig sind, die trübe Stunden
durchgemacht und durch Unglück hindurch
gegangen sind. Sie haben einen Reichtum
am inwendigen Menschen darin erworben und
einen Schatz errungen, der ihnen ewig bleibt.

Das Aufgeben der Frage
nach dem Sinn des Lebens ist der geistige Tod.

Unser Glaube ist, dass die Seelen
derer, die von uns schieden, in das Reich
des Friedens und des Lichtes eingehen und bei
Gott sind. Dessen dürfen wir uns getrösten.

Die unglücklichsten Stunden
unseres Lebens sind nicht die, wo wir etwas
Schweres erleben, sondern die, wo wir uns fern
von Gott fühlen, und die glücklichsten nicht die,
wo es uns am besten geht, sondern die,
wo wir uns eins fühlen mit Gott.

Was in Treue getan ist,
ist nicht vergebens.

Was not tut, ist, einen neuen
Geist zu erhoffen, dass den Menschen
die Verantwortung gegen alle Lebewesen etwas
Selbstverständliches wird.

Das schönste Band,
das es gibt: Das gemeinsame Wollen zum Guten.

Die Wahrheit ist ein Sehnen,
ein Streben, sie ist ein Kämpfen, ein Ringen.
Sie ist Friede und Seligkeit.
Die Wahrheit ist nämlich die Erkenntnis,
dass das einzelne Menschenleben einen ewigen,
unverlierbaren Wert besitzt.

Weltanschauung kommt
durch eine geistige Tat des Menschen zustande.
Sie wird errungen.

Jedes Jahr ist uns gesetzt,
dass es uns nicht nur in der Zeit unseres Lebens,
sondern auch innerlich vorwärtsbringe.
Es führt uns der Ewigkeit entgegen und soll uns
für sie reif machen. Reifen aber will heissen
Sonnenschein, Regen und Sturm des Lebens
erleben und darin wachsen am inwendigen
Menschen.

Wer im Wirken den Willen Gottes getan hat, der erkennt den Willen Gottes auch im Leiden, und er weiss: Leiden in stiller Ergebung ist auch den Willen Gottes tun.

Haltet euch an, stille, tüchtige, gütige Menschen zu werden – nach der innerlichen Frömmigkeit strebend, zu der uns Jesus in seinen Worten den Weg weist.

Urteilt nicht über andere, sondern nehmt euch vor, ein rechter, natürlicher Mensch zu sein, unter welchen Verhältnissen es auch sei.

Alle Dinge sind von Ewigkeit her bestimmt.

Die wahre Gebetserhörung ist nicht die, wo Gott uns den Willen tut, sondern wo unser Wille mit dem seinigen zur Ruhe kommt.

Im Herzen, das Gott dankbar ist,
ist Friede und Kraft und Freudigkeit zum Leben.

Alles Denken läuft darauf hinaus,
sich selber in der Welt zu begreifen.

An Gott glauben, das ist,
im Geiste Gottes leben wollen, denn Gott offenbart sich uns durch den Geist.

Es gibt Menschen, die leben davon,
dass jemand an sie glaubt; sie finden ihren Weg
durch alle Versuchungen, weil ein Mensch ihnen
das Gute zutraut und sie durch sein Vertrauen
aufrecht erhält.

Nur aus dem Geiste,
der in den vielen einzelnen wirksam ist,
kann ein Gesamtgeist entstehen,
der die Zustände der Welt umzugestalten
vermag. Wenn die vielen Quellen nicht fliessen,
kann der Fluss kein Wasser führen.

Haltet die Freundschaft hoch!
Sie ist ein kostbares Gut.

Glücklichsein ist eine
Geschicklichkeit: Freudigkeit zum Wirken,
Kraft zum Erleiden.

Was kommt, Freud oder Leid,
Zufriedenheit oder Unzufriedenheit, das hängt
damit zusammen, wie du mit deinem Gott stehst,
ob du weit von ihm oder nahe bei ihm bist,
ob du ihn fern oder nahe fühlst, ob dich die
Schwüle des Lebens herniederdrückt oder ob
dein Geist sich zu ihm erhebt.

Es gibt keine Grösse
ohne Demut, die auch sich bewusst bleibt der
Unvollkommenheit alles Menschlichen.

Ideen sind Früchte,
die der Baum des Lebens immer aufs neue
tragen muss.

Ich bin eine Welt,
die in der unendlichen Welt kreist.

Wenn wir einem helfen wollen,
müssen wir an ihn glauben.

Jesus hat den Menschen Mut
gemacht, dem Guten nachzustreben.

Die wahre Kultur beginnt
mit der Kenntnis des Mitleids.

Religion und Denken
begegnen sich in der Mystik der Angehörigkeit
zu Gott durch die Liebe.

Das grösste bleibt,
unwandelbar im Wandel der Zeiten, die Liebe.

Erst durch Kenntnisnahme
und Beschäftigtsein mit der Kreatur werden wir
wahre Menschen.

Während unseres Daseins sind
wir jeder eine Welt im Kleinen (Mikrokosmos)
in der Welt im Grossen (Makrokosmos).
Die Bahn, als Welt im Kleinen in der Welt im
Grossen zu kreisen, gilt es zu finden.

Zweck des Daseins ist,
dass durch die Erfahrungen des Lebens unsere
Seele erfüllt werde von göttlicher Wahrheit
und ihrer göttlichen Bestimmung, dass sie schon
jetzt in diesem Leben das Leben der Unsterblich-
keit in sich trägt.

Wenn ihr wähnt, nicht mehr
glauben zu können, handelt nur, tut nur –
dann wird euch der Glaube zu seiner Zeit wieder
kommen. Kämpft um das Reine, um das Edle.

Mit jedem Menschenleben
hat Gott einen Zweck in der Welt. Jedes von uns
ist da, um auf der Welt einen bestimmten
Willen von ihm auszuführen.

Wie die Magnetnadel trotz aller Verrückungen, Ablenkungen und Störungen immer wieder durch eine geheimnisvolle Kraft auf einen Punkt hingelenkt wird, so findet auch der Mensch, welcher die Wahrheit in sich trägt, trotz aller Irrtümer und Verirrungen, trotz Fall und Sünde, immer wieder den Weg zu Gott hin durch die Kraft der Wahrheit.

Habt ihr schon in eurem Gebet gefragt: Lieber Gott, wozu brauchst du mich? Wer ihn so fragt, dem wird sein Wille offenbart.

Das Wissen ist für das Denken, was der Horizont für das Schauen ist: Wissen erweitert den Horizont des Denkens.

Nichts Geistiges, was ein Mensch gibt, ist verloren.

Seht euer Glück darin, dass ihr eines das andere aufrichten dürft.

Wir dürfen nicht im Kleinglauben leben. Die Zeit verlangt von uns den starken Glauben, dass Gott uns hilft, wenn wir uns vom Evangelium leiten lassen.

Ich besitze Eigendasein,
bin nicht einfach ein Instrument, das vom unendlichen Sein zum Erklingen gebracht wird, sondern habe meinen eigenen Ton.
Ich bin nicht wie ein Ast am Baum, sondern wie ein Gras in der Wiese.

Jesus ist die Kraft zum Guten,
die Kraft, in der wir alles tun können.

Wenn ich das Wort «Liebe» sage,
sehe ich vor mir ein Feld, bedeckt von zahllosen Blumen: Jedem ist bestimmt, sich für sein Leben einen Strauss zusammen-zubinden zur unverwelklichen Zierde. Und er allein weiss, welches die Blumen sind, die er nehmen soll.

Wir leben nicht von Erkenntnis,
sondern von unserm Willen zum Leben.

Wir Menschen haben einander
geistig nötig. Spann eine Saite, sie gibt nur einen
dünnen, kurzen Ton, aber wenn sie auf einen
Resonanzboden gespannt ist, dann klingt sie tief
und lang, weil ihre Schwingungen durch die
Schwingungen des Bodens verstärkt werden.
So müssen auch die Gedanken der andern mit
den unsrigen mitschwingen, dass wir die Melodie
unseres eigenen geistigen Wesens hören.

Das Dasein und alles,
was es bringt, ist an sich nicht zwecklos, sondern
es wird es erst, wenn die Menschen es zwecklos
machen.

Das ist gewiss: Es gibt einen Willen
Gottes für jeden Menschen, und wer nach dem
Willen Gottes in seinem Leben sucht, dem wird er
offenbar.

Ich weiss es gewiss und gewisser von Tag zu Tag, dass das einzige Glück eines Menschen darin besteht, in dem, was er tun soll, den Willen Gottes zu erkennen und es mit seiner Hilfe auszuführen.

Viele Menschen kommen nicht dazu, Jesus zu dienen, weil sie sich immer nach etwas Sichtbarem und Grossem umschauen, worin sie ihm dienen möchten, und darüber das bescheidene Dienen übersehen, das er ihnen bestimmt hat.

Es ist schwer, von den Menschen nicht zu gering und nicht zu hoch zu denken.

Bach ist ein Erzieher zur Verinnerlichung durch den Geist der religiösen Texte, die er in so ergreifender Weise vertont hat, und durch den Geist seiner Musik an sich.

Ist nicht das ganze Leben,
mit allem, was es bringt, ein Mysterium?

Die wahre Liebe besitzen wir,
wenn wir in uns das Streben haben,
nicht uns selbst zu leben, sondern für die,
die unsere Nächsten sind.

Unsere heutige Welt, auch da,
wo sie nichts vom Christentum wissen,
ist doch christlich durch den Arbeitsgeist.
Was verlangte das Volk Roms in der alten Zeit?
Unentgeltliches Brot und Zirkusspiele.
Und was verlangt das Volk unserer Zeit?
Gerecht und menschenwürdig bezahlte Arbeit.

Ich halte es für meine Pflicht,
all denen, die es wollen, so weit ich es kann,
zur Verfügung zu stehen.

Alle müssen wir dulden
und das Dulden lernen.

Wer weiss, was wahrhaft
beten heisst, der hat erfahren, dass wir alle
vom gelernten Gebet zum eigenen,
vom äusserlichen zum innerlichen Gebet uns
hindurchringen müssen.

Das Christentum ist Innerlichkeit.
Jede Veräusserlichung ist eine Schädigung,
die es erfährt. Und jedes innerliche Christentum
ist tätig. Dieses gewinnt die Herzen der Menschen.

Ehrfurcht vor dem Leben
ist die christliche Liebe, universell und denknot-
wendig geworden, die sich mit der Wirklichkeit
auseinandersetzt.

Die wahre Freudigkeit ·
durchglüht wie ein leuchtender Sonnenstrahl
alles – auch das Leiden.

Das Evangelium gebietet uns,
in allen Dingen für den Frieden einzutreten.

Ja, das Wort Ehrfurcht
vor dem Leben hat einen viel grösseren Inhalt,
als man nach dem einfachen Ausdruck ahnt.
Aber so soll es sein: Der Gedanke grösser als die
Wortfassade.

Die Einheit der Christen
wird nicht in dem Bereich der Anschauungen
sich ergeben, sondern allein in dem des Geistes.
Denn der Geist ist das wesentliche.
Wenn jede Kirche danach strebt, im Geiste Christi
zu leben, werden sie von Grund auf eins sein.
Das ist es, was ich von der Zukunft erwarte.

Der Satz, dass alles Leben
heilig ist, erlaubt keine Steigerung.

Wir müssen werden wie die,
die pflügen. Das erste beim Pflügen ist hoffen.
Was wäre der, der im Herbst die Furchen zieht,
wenn er nicht auf den Frühling hoffte!
So können auch wir nichts tun ohne Hoffnung.

Bücher von Albert Schweitzer

Afrikanische Geschichten, 1985, Haupt

Aufsätze zur Musik, 1988, Bärenreiter

Aus meinem Leben. Selbstdarstellungen und Erinnerungen, 1988, Union

Aus meinem Leben und Denken, 1986, Fischer-Taschenbuch

Aus meiner Kindheit und Jugendzeit, 1985, Haupt

Briefe aus dem Lambarene-Spital 1930–1954, 1982, Union

Briefe und Erinnerungen an Musiker (Hrsg. H. Schützeichel), 1989, Haupt

Das Abendmahl 1983, Olms

Das Christentum und die Weltreligionen. Das Problem der Ethik in der
    Höherentwicklung des menschlichen Denkens. Mit einer Einführung
    in Schweitzers Denken von U. Neuenschwander, 1984, Beck

Deutsche und französische Orgelbaukunst und Orgelkunst,
    Nachwort 1927, 1987, Breitkopf & Härtel

Die Ehrfurcht vor dem Leben, 1984, Beck

Die Mystik des Apostels Paulus, 1981, UTB

Die Religionsphilosophie Kants, 1974, Olms

Die Weltanschauung der indischen Denker, 1965, Beck

Friede oder Atomkrieg, 1984, Beck

Geschichte der Leben-Jesu-Forschung, 1984, UTB

Gespräche über das Neue Testament, 1988, Bechtle

Johann Sebastian Bach, 1967, Breitkopf & Härtel

Kultur und Ethik. Mit Einschluss von «Verfall und Wiederaufbau»,
    1972, Beck

Mitteilungen aus Lambarene 1913–1914, 1983, Union

Reich Gottes und Christentum, 1967, Mohr

Selbstzeugnisse (Aus meiner Kindheit und Jugendzeit /
    Zwischen Wasser und Urwald / Briefe aus Lambarene 1924–1927,
    1980, Beck

Strassburger Predigten, 1986, Beck

Was sollen wir tun? 12 Predigten über ethische Probleme,
    1986, Schneider

Zur Diskussion über Orgelbau, 1977, Merseburger

Zwischen Wasser und Urwald, 1990, DTV

Bücher mit Albert-Schweitzer-Texten

Albert-Schweitzer-Lesebuch, 1984, Beck (H. Steffahn)
Ausgewählte Kostbarkeiten, 1981, SKV (G. Berron)
Blumen am Wege, 1985, Haupt (R. Brüllmann)
Die Verteidigung des Lebens, 1984, GTB (P. Helbich)
Ehrfurcht vor dem Leben, 1986, Haupt (R. Brüllmann)
Getrost im Alltag, 1984, Haupt (R. Brüllmann)
Glaube, 1982, Haupt (R. Brüllmann)
Reichtum des Lebens, 1990, Haupt (R. Brüllmann)
Treffende Albert-Schweitzer-Zitate, 1986, Ott (R. Brüllmann)
Trost im Leid, 1989, Haupt (R. Brüllmann)
Vom Sinn des Lebens, 1985, Haupt (R. Brüllmann)
Von Weg und Ziel, 1987, Haupt (R. Brüllmann)
Worte über das Leben, 1990, Herder (H. Schützeichel)

Jugendbücher über Albert Schweitzer und Lambarene

Bartos B.: Abenteuer Lambarene, 1989, Überreuter
Brüllmann R.: Albert Schweitzer und die Tiere, 1979,
    Schweizer Hilfsverein
Hoerni J.+K.: Ein Tag in Abongo, 1986, Haupt
Laubi W.: Albert Schweitzer, der Urwalddoktor, 1985, Benziger,
    Kaufmann
Oswald S.: Im Urwaldspital von Lambarene, 1986, Haupt
Seufert K.R.: Das Zeichen von Lambarene, 1988, Loewe

Bücher zu Albert Schweitzers Denken und Wirken

Bähr H.W.: Albert Schweitzer, Leben, Werk und Denken,
mitgeteilt in seinen Briefen, 1987, Schneider

Bomze E.: Das neue Lambarene, 1984, Kunz

Bomze E.: Helene Schweitzer. Sein treuester Kamerad, 1984, Kunz

Brüllmann R.: Aus dem Leben und Denken Albert Schweitzers,
1984, Haupt

Brüllmann R. (Hrsg.): Albert-Schweitzer-Studien 1, Beiträge von
M.U. Balsiger, W.A. Gallusser, E. Grässer, H. Schützeichel und
G. Woytt, 1989, Haupt

Brüllmann R. (Hrsg.): Albert-Schweitzer-Studien 2, Beiträge von
H. Baur, C. Günzler, E. Grässer, H. Mai, A. Schweitzer, G. Teutsch,
G. Woytt, 1991, Haupt

Geiser S.: Albert Schweitzer im Emmental, 1987, Haupt

Grässer E.: Albert Schweitzer als Theologe, 1979, Mohr

Günzler C. u.a.: Ethik und Erziehung, 1988, Kohlhammer

Günzler C. u.a.: Albert Schweitzer heute, 1990, Katzmann

Hanheide S.: J.S. Bach im Verständnis Albert Schweitzers,
1991, Katzbichler

Huber L.: Lebendiges Lambarene. Bildband, 1990, Fischer

Jacobi E.R.: Albert Schweitzer und die Musik, 1975, Breitkopf & Härtel

Kasai K.: Die Bedeutung des Christentums in der heutigen Welt
bei Albert Schweitzer und Paul Tillich, 1980, Haupt

Kleberger I.: Albert Schweitzer. Das Symbol und der Mensch,
1989, Klopp

Lamprecht E.: Albert Schweitzer und die Schweiz, 1982, Juris

Mai H.: Albert Schweitzer und seine Kranken, 1992, Tübinger Chronik

Mai H.: Das Schweitzer-Spital in Lambarene, 1913–1983, 1984, Kunz

Mai H.: Kinderarzt in zwei Erdteilen, 1984, Kunz

Munz W.: Albert Schweitzer im Gedächtnis der Afrikaner und in
meiner Erinnerung, Albert-Schweitzer-Studien 3, 1991, Haupt

Neuenschwander U.: Denker des Glaubens I, 1978, GTB

Niederstein B.: Kinder- und Jugendbriefe an Albert Schweitzer,
1988, Haupt

Pleitner H.: Das Ende der liberalen Hermeneutik am Beispiel
    Albert Schweitzers, 1992, Francke
Schützeichel H.: Die Konzerttätigkeit Albert Schweitzers, 1991, Haupt
Schützeichel H.: Die Orgel im Leben und Denken Albert Schweitzers,
    1991, Musikwissenschaftliche Verlagsgesellschaft
Siefert J.: Meine Arbeitsjahre in Lambarene 1933–1935, 1986,
    Tübinger Chronik
Steffahn H.: Albert Schweitzer in Selbstzeugnissen und
    Bilddokumenten, 1979, rororo
Steffahn H.: Du aber folge mir nach. Albert Schweitzer,
    Werk und Wirkung, 1974, Haupt
Wenzel L.: Albert Schweitzer gestern – heute, 1974, Haupt
Werner H.J.: Eins mit der Natur: Mensch und Natur
    bei Franz von Assisi, Jacob Böhme, Albert Schweitzer,
    Teilhard de Chardin, 1986, Beck